Power für die Seele

Kerstina von Hagenberg

Ein Leitfaden für den Alltag
mit Positiver Psychologie

Bibliografische Information der Deutschen
Nationalbibliothek:
Die Deutsche Nationalbibliothek verzeichnet diese
Publikation in der Deutschen Nationalbibliografie;
detaillierte bibliografische Daten sind im Internet über
http://dnb.dnb.de abrufbar.

Herstellung und Verlag: BoD – Books on Demand,
Norderstedt

ISBN: 9 783754 344835

Inhaltsverzeichnis

* Produktivität, Kreativität
* Bewegung
* Atmung
* Stimme, Sprache
* Geistige Bilder
* Die fünf klassischen Sinne

Power für die Seele

Du bist eingeladen, deine eigenen Stärken näher kennen und anwenden zu lernen.
Bereite dir einen Weg zu mehr Balance und „Flow" im Alltag.
In dieser Lektüre findest du Informationen und Anleitungen mit bewährten Methoden der Positiven Psychologie, die in jedem Alltag Platz finden und für die du alle Voraussetzungen in dir trägst.

Viele Menschen berichten nach einer Psychotherapie, dass sie sich zwar erleichtert fühlen, ihnen aber trotzdem etwas fehlt, um ausgeglichen zu sein.
Das "Schlechte" wurde zwar genommen, aber es wurde nicht ersetzt. Diese "Lücke" wird oft wieder mit dem gefüllt, was der Mensch kennt; - er fällt leicht in alte Muster zurück.

Im Gegensatz zu den meisten Therapieverfahren, die sich mit Defiziten beschäftigen und versuchen diese aufzulösen, geht die Positive Psychologie auf die Stärken und Ressourcen zu, die mehr genutzt werden können, fördert Stärken, füllt die Lücken zum Wohlbefinden, die durch Belastungen entstehen können, und stärkt die Selbstwirksamkeit, die eigenen Heilungskräfte und die Widerstandskraft.

Die Positive Psychologie kann dich durch jeden Tag begleiten und Möglichkeiten aufzeigen, zu mehr Harmonie und Zufriedenheit zu gelangen.

Die meiste Zeit unseres Lebens agieren wir über Autopilot.

Je lebendiger gehandelt wird, desto authentischer wird das Erleben. Durch mehr Aufmerksamkeit kann ein bewusstes Leben geführt und die persönliche Realität verändert werden.
Energie folgt der Aufmerksamkeit. Richte dich auf deine Stärken aus, denn durch sie wirst du kraftvoller.

Gehe auf die Suche nach deinen verborgenen Potenzialen, fülle Leere mit Optimismus, Motivation, Hoffnung, Talenten, Ideen, Kreativität, Humor und einem positiven Selbstportrait, das deinem persönlichen Wachstum dient.

Im Anhang befinden sich Anregungen und Fragen, die als Beispiel dienen sollen, wie auf die Themen zugegangen werden kann, und schlichte Alltagstipps zur Anregung.
Es empfiehlt sich, die einzelnen Aspekte Schritt für Schritt zu erarbeiten, – oder in der Reihenfolge der eigenen Stärken zu betrachten.

Lasse die Saiten deiner Seele erklingen!

Was ist Positive Psychologie?

Der Begriff Positive Psychologie wurde 1954 von dem
Psychologen Abraham Maslow eingeführt.
Ab 1990 griff sein Kollege Martin Seligman die
Methoden wieder auf und verfeinerte sie im Rahmen
der humanistischen Psychologie.
Auch Oscar Schellbach beschäftigte sich ab den 40er
Jahren damit, Stärken in den Menschen zu fördern. Er gilt
als Begründer des Mental – Positivismus und entwickelte
eine Lebenslehre, die auf 16 geistigen Prinzipien beruht
und als erste Art methodisch – systematischer Lebenshilfe
gilt.

Die Positive Psychologie zählt zur Verhaltenstherapie,
die auf Aneignungs – und Beseitigungsverfahren abzielt.
Die Erforschung der Verhaltenstherapie begann durch
John Broadus Watson in den 20er Jahren. Sie beinhaltet
das Modellernen, um neue Verhaltensweisen zu erlernen,
oder das Beseitigen von negativen Reizen. Durch das
Ablösen von Routine wird das Verhalten neu geformt.
Systematische Desensibilisierung oder Sensibilisierung
gehören zur Therapie, wie auch Konfrontationen und
Problemlösungstraining.

Es werden vier Arten von Ereignissen unterschieden, die
unser Verhalten beeinflussen: raumzeitliche Umstände,
soziale Gegebenheiten, das Verhalten anderer Menschen
und die eigenen Gedanken.
Der Geist denkt immer. Aber man kann nicht gleichzeitig
positiv **und** negativ denken.
Deshalb ist Aufmerksamkeit so wichtig; - wer kein Ziel
hat, denkt schneller negativ.

Die 6 Tugenden und 24 Charakterstärken nach Peterson & Seligman dienen in der Positiven Psychologie wie ein roter Faden. Alle diese Stärken sind in jedem Menschen vorhanden, werden aber nicht in vollem Umfang genutzt, - oft sogar einfach nicht bewusst wahrgenommen.

Die 6 Tugenden und 24 Charakterstärken nach Peterson & Seligman

Tabellarische Übersicht:

I.	Weisheit und Wissen:
I.1.	Kreativität
I.2.	Neugier
I.3.	Urteilsvermögen
I.4.	Liebe zum lernen
I.5.	Weisheit

II.	Mut und Courage:
II.1.	Authentizität
II.2.	Tapferkeit
II.3.	Ausdauer
II.4.	Enthusiasmus

III.	Menschlichkeit:
III.1.	Freundlichkeit
III.2.	Bindungsfähigkeit
III.3.	Soziale Intelligenz

IV.	Gerechtigkeit:
IV.1.	Fairness
IV.2.	Führungsvermögen
IV.3.	Teamwork

Tugenden und Stärken im Detail

I. Weisheit und Wissen

Kognitive Stärken, Wissen erwerben und anwenden können, stellen eine persönliche Basis dar, die als lebenslange Stütze dient.

In jungen Lebensjahren ist es einfacher, Wissen anzueignen, aber es fehlt oft am Bezug zur Wichtigkeit und dem persönlichen Nutzen. Erst im Laufe der Zeit kristallisieren sich Stärken heraus. Manche Menschen können eher logisch denken, anderen fällt es leicht, Wissen zu speichern.

Die Begeisterung für ein Thema kann durch unterschiedliche Einflüsse geprägt sein. Unterdrückter Enthusiasmus löst negative Empfindungen aus; - das gilt nicht nur für kognitive Interessen.

Die Aufmerksamkeit auf Themen zu richten, die mit persönlichen Interessen konform gehen, erleichtert das aneignen von Wissen. Fortschritt ist ohne Wissen nicht möglich.

Wissen vermeidet Irrtümer und befreit von Vorurteilen.

=> Kognitive Stärken, die den Erwerb und den Gebrauch von Wissen beinhalten bilden Weisheit und Wissen.

I. 1. Kreativität

Als Kreativität wird die Verbindung zwischen Fantasie und Wirklichkeit bezeichnet.

Sie spricht also nicht nur von Malerei und Musik oder ähnlichen Vorgängen, bei denen sich Emotionen zu wahrnehmbaren Eindrücken formen, sondern zum Beispiel auch von zwischenmenschlichen Reaktionen.

Konflikte und Kommunikationen können kreativ gestaltet und gelöst werden.
Kreativität zeigt Möglichkeiten auf, weist auf andere Wege und neue Chancen hin. Sie hilft bei der persönlichen Entwicklung und Zielausrichtung und stärkt effektives Wirken.
Sie verstärkt den Willen, selbst ungewöhnliche Ideen bis zur Funktionsreife auszutüffteln, fördert spontane Flexibilität und das Streben nach Erkenntnis. Auch der Blick auf Schönes und Ästhetisches wird gefördert.

=> Neue und effektive Wege finden, die eine Verbindung zwischen Fantasie und Realität bieten, sind die Ziele der Kreativität.

I. 2. Neugier

Neugier weckt das Interesse am Umfeld und damit verbunden die Möglichkeiten, sich selbst einzubringen.
Interessen werden durch Neugier vertieft. Das Umfeld bewusst wahrzunehmen zeigt offene Wege an und führt zur Anteilnahme am Leben anderer.
Je wacher wahrgenommen wird, desto klarer wirkt die eigene Position, und was daraus gemacht werden kann.
Gepaart mit der Bereitschaft sich überraschen zu lassen, wird der Wissensdurst angeregt und die Aufmerksamkeit gesteigert, was neue Interessen und Chancen mit sich bringen kann.

=> Neugier vertieft Interessen und das Wahrnehmen der Umwelt.

I. 3. Urteilsvermögen

Urteilsvermögen ist wichtig, um real Perspektiven und Alternativen zu erkennen. Themen bis ins Detail durch zu denken ermöglicht das Erkennen aller Chancen. Entscheidungen fallen leichter, wenn Pro und Kontra benannt werden. Auswirkungen und Reaktionen durch das Umfeld können abgewogen werden.
Die Menschenkenntnis wird verstärkt.
Objektives wahrnehmen des Sachverhaltes verbunden mit Vernunft oder auch der Intuition führt zu neuen Erkenntnissen und Einsichten.

=> Themen durchdenken und von allen Seiten betrachten, und Perspektiven und Alternativen erkennen können, bilden das Urteilsvermögen.

I. 4. Liebe zum lernen

Mit Begeisterung ein Thema zu vertiefen führt automatisch dazu, dass Wissen vermehrt wird.
Neue Techniken und Anwendungsmöglichkeiten werden sichtbar.
Die Bereitschaft, sich auch mit kniffeligen Aspekten auseinander zu setzen, wird durch Liebe und Begeisterung zum Thema unterstützt.
Das arbeiten mit Lieblingsthemen fordert heraus und zeigt deutlich, wie und was persönlich eingebracht werden kann. Mit Liebe lernen bereitet Freude.

=> Neue Techniken aneignen und Wissen vertiefen kennzeichnen die Liebe zum lernen.

I. 5. Weisheit

Wissen das nicht angewendet oder vermittelt wird,
liegt brach. Jeder kann andere beraten oder anlernen
in Themen, mit denen er sich auskennt.

Weisheit anzuwenden stärkt den eigenen Willen, Wissen
zu vertiefen und lässt Schwachstellen erkennen. Die
eigenen Defizite werden sichtbar und ihre Beseitigung
als Bereicherung empfunden. Die eigene Meinung bildet
sich durch Weisheit.

Chancen anderen Menschen etwas zu vermitteln ergeben
sich jeden Tag. Nicht nur der Belehrte wächst, auch der
Lehrer lernt.

=> Erkenntnisse vermitteln und Ratschläge geben zu
können sind der Stamm der Weisheit.

II. Mut und Courage

Emotionale Stärken helfen nicht nur beim überwinden innerer und äußerer Hürden, sondern unterstützen auch die Willenskraft. Mit Mut können hoch gesteckte Ziele erreicht werden und völlig neue Wege betreten werden. Grenzüberschreitungen und Riskobereitschaft werden mit authentischem Mut bewältigt. Wer wahrhaftig ist, trägt Mut im Herzen.

=> Mut und Courage beinhalten emotionale Stärken, mit denen innere und äußere Hürden durch Willenskraft überwunden werden können.

II.1. Authentizität

Natürliches und echtes Auftreten ist einfacher, als sich zu verstellen. Die persönlichen Stärken tragen sich nach außen.
Ehrlichkeit sich selbst gegenüber führt automatisch zu Wahrheitsliebe und objektiver Wahrnehmung.
Sich selbst zu schätzen stärkt das Vertrauen aus und in das Umfeld hinein. Jeder hat etwas von jedem.
Die Fähigkeit zur Selbstkritik stärkt das Selbstbewusstsein und dadurch Zufriedenheit und persönliches Glück.

=> Natürliches und echtes Auftreten und die Liebe zur Wahrheit stellen Authentizität dar.

II. 2. Tapferkeit

Unannehmlichkeiten und Hindernisse werden mit Tapferkeit als Herausforderungen erkannt.

Sich Einschränkungen nicht zu beugen, sondern sie tatkräftig zu bewältigen zeugt von Tapferkeit. Wiederholen sich Situationen, fällt es leichter sie zu bewältigen.

Wer Selbstbestimmt handelt, weiß wann Mut und Kraft zur Tapferkeit reichen, Angst kann erkannt und abgebaut werden. Aufmerksamkeit hilft Chancen zu ergreifen. Was man liebt beschützt man mit Tapferkeit. Liebe macht stark.

=> Herausforderungen annehmen und sich nicht Unannehmlichkeiten und Hindernissen beugen, sondern diese annehmen und bewältigen, ist die Aufgabe der Tapferkeit.

II. 3. Ausdauer

Ein Ziel fokussieren und mit Willenskraft anzustreben, fördert die Geduld. Durch Ausdauer können auch hoch gesteckte Ziele erreicht und Grenzen überschritten werden. Mit Durchhaltevermögen lassen sich auch schwierige Aufgaben bewältigen. Angefangenes zu beenden bringt immer ein Erfolgsgefühl mit sich.

=> Geduld und den Willen Angefangenes zu beenden, kennzeichnen die Ausdauer.

II. 4. Enthusiasmus

Energie und Kraft gezielt einzusetzen stärkt die Begeisterung und den Drang ein gestecktes Ziel zu erreichen.

Begeisterungsfähig zu sein erschließt neue persönliche Perspektiven und unvorhergesehene Möglichkeiten. Freude im Alltag entwickeln zu können gibt Kraft und Tatendrang und steckt auch das Umfeld mit Energie an. Kraftreserven werden durch Spontanität freigeschaltet.

=> Kraft, Begeisterung und Energie einsetzen zeichnen den Enthusiasmus aus.

III. Menschlichkeit

Emotionale Stärken ermöglichen einen liebevollen Umgang. Jederzeit kann man seinen Mitmenschen Kraft schenken, Trost spenden, ermutigen, aufmuntern oder einfach anlächeln.
Körperliche Nähe ist für alle Menschen wichtig. Umarmungen lösen Wohlempfinden aus. Hilfe in Notsituationen stärkt nicht nur den Betroffenen. Aufmerksamkeit führt dazu, dass man hilfsbereit und zuvorkommend agieren kann.
Menschliche Wärme aussenden bringt Zuwendung zurück. Empathie kann sich entwickeln.

=> Stärken, die liebevollen menschlichen Umgang ermöglichen, sind das Ziel der Menschlichkeit.

III. 1. Freundlichkeit
Manchmal ist es schwierig, nett zu Menschen zu sein, vor allem, wenn sie unsympathisch wirken. Doch gerade dann zeigt sich die eigene Größe.
Ausgeglichene und ruhige Kommunikation führt gezielt zum Resultat. Seinen Mitmenschen hilfsbereit und gefällig zu begegnen bringt bei allen positive Emotionen mit sich. Freundlichkeit schließt den gegenüber auf und zeigt Respekt und Anerkennung.

=> Anderen gefällig und zuvorkommend begegnen, gute Taten vollbringen und sich ausgeglichen zu äußern, formen die Freundlichkeit.

III. 2. Bindungsfähigkeit

Bindungen zur Familie, Freunden und Kollegen sind selbstverständlich.

Dennoch sind sie oft mit Einschränkungen oder Verpflichtungen verbunden. Es ist besser, belastende Beziehungen einzuschränken, weil sie allen Beteiligten Energie rauben.

Positiver, liebevoller Umgang mit Geduld und Respekt stabilisieren die involvierten Personen.

Menschliche Nähe herstellen zu können, sich auf andere Personen wertfrei einzulassen und Bindungen zuzulassen, bereichert auch den Bezug zu sich selbst.

=> Menschliche Nähe herstellen und zulassen, und sich auf andere Menschen einlassen zu können, zeigt die Bindungsfähigkeit.

III. 3. Soziale Intelligenz

Um die Motivation von anderen und sich selbst zu erkennen, ist es notwendig, bewusst die damit verbundenen Gefühle und Ambitionen wahrzunehmen. Je aufmerksamer die Beweggründe betrachtet werden, desto konkreter können sie erfasst, vertieft und genutzt werden.

Toleranz und Akzeptanz kann sich durch Empathie entwickeln. Vorurteile und menschliches Fehlverhalten lässt sich analysieren.

=> Das Bewusstsein für die Motivationen der Mitmenschen und der eigenen, und das Wahrnehmen von Gefühlen, beschreiben die soziale Intelligenz.

IV. Gerechtigkeit

Die Gesellschaft und Gemeinschaft annehmen und unterstützen fördert das Gemeinwesen.
Wer sich mit seinem Umfeld beschäftigt, kann einschätzen, wie er sich einbringen kann.
Mitgefühl und Objektivität führen zu gerechten Einstellungen und dem abwägen externer Einflüsse.
Einfühlungsvermögen lässt Hintergründe erkennen und zeigt Wege aus verfahrenen Situationen.
Mit Fairness kann die Balance ausgelotet werden.

=> Das Gemeinwesen fördern, die Gesellschaft und Gemeinschaft unterstützen, bedeutet Gerechtigkeit.

IV. 1. Fairness

Durch tolerieren anderer Denkweisen, Meinungen und Handlungen kann sich Akzeptanz entwickeln.
Alle Menschen wünschen sich, fair und gerecht behandelt zu werden. Aufeinander zugehen und sich um andere bemühen, führt zur Akzeptanz auf beiden Seiten.
Fairness ist eine Basis der Gerechtigkeit und lotet Unstimmigkeiten aus.

=> Das akzeptieren der Mitmenschen, tolerieren anderer Denkweisen, Meinungen und Aktionen, alle Menschen gleich behandeln und gerecht sein, zeichnet Fairness aus.

IV. 2. Führungsvermögen

Die stärksten persönlichen Eigenschaften kristallisieren sich im Führungsvermögen heraus.

Wissen und Fähigkeiten können sinnvoll angewendet und vermittelt werden. Andere gleichwertig zu behandeln, mit seinen Mitmenschen auf Augenhöhe zu stehen, um neue Perspektiven betrachten zu können, zeichnen Wege auf, in denen Führung wahrgenommen werden kann. Mittelwege und Alternativen können erkannt und genutzt werden. Mit Aufmerksamkeit lassen sich die Schwächen und Stärken der anderen erkennen.

Überall, wo Organisation notwendig wird, kann sich jeder einbringen und Verantwortung, - auch für sich selber -, übernehmen.

=> Gruppenaktivitäten unterstützen, organisieren und ermöglichen, formen das Führungsvermögen.

IV. 3. Teamwork

Gruppenaktivitäten zu unterstützen stärkt die Gemeinschaft. Durch eingliedern in ein Team und das gemeinsame organisieren, stärken sich alle gegenseitig. Im Zusammenwirken werden die individuellen Stärken besonders deutlich. Anerkennung von und für andere verbindet das Team. Jeder kann seinen Platz in einer Gruppe finden. Positives bei sich selber und anderen zu erkennen und zu fördern, stabilisiert alle Teilnehmer. Ein Team findet sich nicht nur im Arbeitsleben zusammen, sondern auch in familiären und freundschaftlichen Bereichen.

Gemeinsame Aufgaben werden leichter bewältigt, wenn sich alle gegenseitig unterstützen.

=> Ein gutes Mitglied in einer Gruppe zu sein und die eigenen Stärken einzubringen beschreibt Teamwork.

V. Mäßigung

Einen Mittelweg zu finden ist nicht immer einfach.
Mäßigung sorgt dafür, dass nicht zu viel Energie investiert
wird und wirkt Exzessen entgegen. Das gilt auch für
Erwartungen, die Euphorie auslösen und dadurch Kraft
einfordern. Realistisches und objektives einschätzen von
Situationen hilft dabei, das richtige Maß zu finden.
Auch Intuition und Gefühl bremsen übermäßiges
Verhalten aus, wenn man auf sich achtet.

=> Mäßigung sind Stärken, die vermeiden, dass man zu
viel Energie investiert und Exzessen entgegenwirken
kann.

V. 1. Vergebensbereitschaft

Sich selbst zu vergeben erlöst von Schuldgefühlen.
Auch andere dürfen Fehler machen. Sich selbst zu
vergeben erleichtert auch, das Unrecht von anderen
verzeihen zu können. Vergeben erlöst von vergangenen
Belastungen, lässt alte Wut und schlechte Erinnerungen
zur Ruhe kommen und Verbitterungen verblassen. Nicht
nachtragend zu sein schützt auch vor Vorurteilen in
ähnlichen Situationen.

=> Vergebensbereitschaft bedeutet, sich selber zu
verzeihen und auch anderen Fehler und Unrecht vergeben
zu können.

V. 2. Bescheidenheit

Meistens begeistern Dinge, die wir nicht besitzen, - was vorhanden ist, wird nicht vermisst.

Zufrieden zu sein, mit dem was man schon erreicht hat, birgt den Kern der Bescheidenheit.

Je zufriedener der Mensch mit sich selber ist, desto weniger benötigt er; - vor allem in materieller Hinsicht.

Auch zwischenmenschlich ist es ratsam, sich auf friedliche, ausgeglichene Kontakte zu beschränken.

Einige angenehme, innige Kontakte nutzen allen mehr, als eine Masse an flüchtigen Bekannten.

=> Mit dem was man erreicht hat, zufrieden zu sein, zeichnet Bescheidenheit aus.

V. 3. Vorsicht

Behutsam mit seinen Mitmenschen umzugehen schützt vor Fehlern. Durchdachte Äußerungen und Taten vermeiden Konflikte und anschließend Reue und Scham.

Wachsamkeit schützt vor Unachtsamkeit und lässt erahnen, wie der Weg weiter läuft. Vorhersehen und Aufmerksamkeit bereiten auf Kommendes vor.

=> Behutsam mit anderen umzugehen, nicht überreagieren oder etwas tun oder sagen, was bereut werden kann, formen die Vorsicht.

V. 4. Selbstregulation

Realistisches einschätzen der eigenen Person und seinen Möglichkeiten hilft, sich selbst zu regulieren.

So wird vermieden, zu viel oder auch zu wenig Einsatz zu bringen.

Balance und Ausgeglichenheit, „in der eigenen Mitte" zu sein, löst Zufriedenheit und Wohlempfinden aus.

=> Sich selbst und das, was man tut und fühlt, realistisch einzuschätzen, ist das Ziel der Selbstregulation.

VI. Transzendenz

Sinnfindung schützt vor innerer Leere und Isolation. Jeder trägt Stärken in sich, die Sinn im eigenen Leben stiften. Verbundenheit mit den eigenen Talenten und Fähigkeiten fördert den aktiven Umgang mit ihnen. Vertrauen zu einer höheren Intelligenz öffnet den Weg zur Spiritualität. Der Übergang vom weltlichen Dasein zu einer tiefsinnigen Öffnung, Empfindungen über die Sinnwahrnehmungen hinaus, lassen spirituelle Aspekte klarer werden.

=> Stärken die uns einer höheren Macht näher bringen und Sinn stiften formen die Transzendenz.

VI. 1. Sinn für Schönes

In allen Lebensbereichen finden sich Aspekte, die Freude auslösen und dadurch Wertschätzung formen. Schönes für sich zu erkennen bringt Wohlgefühl in den Alltag. Mit Aufmerksamkeit wird Sinn für Schönes gestärkt und angeregt. Der Blick für Details entwickelt sich. Was als schön, anmutig oder ästhetisch empfunden wird, gestaltet sich individuell und subjektiv.

=> Die Schönheit im Alltag und in allen Lebensbereichen zu schätzen zeigt den Sinn für Schönes.

VI. 2. Dankbarkeit

Dankbarkeit zeigt, wie sehr wir etwas schätzen. Um zu erkennen, wofür wir dankbar sein können, brauchen wir nur Aufmerksamkeit, denn persönliche Schätze finden sich tagtäglich.

Dankbarkeit zeigt Wertschätzung gegenüber anderen und dir selbst. Dankbar zu sein tut gut. Momente bewusst zu erleben führt zu Glücksgefühlen und Zufriedenheit. Durch danken nehmen wir alles an , - das Gute und das Negative.

=> Gegebenheiten bewusst wahrnehmen und schätzen zeichnet Dankbarkeit aus.

VI. 3. Hoffnung

Hoffnung ist immer mit positiven Zielen verbunden. Gutes zu erwarten fördert den Elan, angestrebte Ziele zu erreichen.
Hoffnung kann jeden Tag neu bestimmt und entwickelt werden und gibt so tagtägliche neue Energieschübe, die genutzt werden wollen.
Hoffnung führt zu Tatendrang und lässt Hürden zu Herausforderungen werden.

=> Gutes erwarten und daran arbeiten, es zu erreichen, bildet die Hoffnung.

VI. 4. Humor

Lachen und Lächeln heben die eigene Stimmung und stecken auch das Umfeld mit guter Laune an.
Wer länger als 60 Sekunden durchgehend grinst, hebt spürbar und dauerhaft die eigene Stimmung, weil Glückshormone aktiviert werden. Über sich selbst lachen zu können zeigt Stärke und Selbstbewusstsein.
Andere zu amüsieren trägt die eigene gute Laune hinaus und unterstützt das Wohlbefinden der anderen.

Lachen verdoppelt sich, wenn man es mit anderen teilt.

=> Das Lachen zu schätzen und andere gerne zum lachen zu bringen ist der Sinn des Humors.

VI. 5. Spiritualität

Einen höheren Sinn im Leben zu sehen stärkt das Vertrauen in das eigene Dasein. Überzeugungen und Glaube sind Nährboden für positives Wirken.
Neue Erkenntnisse, Empfindungen und Erlebnisse werden durch Spiritualität Wirklichkeit und öffnen für tiefere Sinne.
Beten, meditieren oder autogenes Training bringen Entspannung ins Leben. Die Regelmäßigkeit vertieft die Gelassenheit und bringt Hingabe an den ganz persönlichen Lebensweg.
Innere Reinigung kann eine eigene Dynamik durch Entspannung erreichen.
Spiritueller Glaube, - unabhängig von Religion -, bringt Vertrauen in das freie kreative Handeln höherer Sphären.
Dieses Vertrauen nimmt die Angst vor der Zukunft und schenkt Zuversicht.

=> Einen höheren Sinn im Leben zu erkennen, Vertrauen in den eigenen Lebensweg haben, Überzeugungen und Glaube, der Kraft gibt, formen die Spiritualität.

Biologische Glücksquellen

Die Basis aller biologischen Prozesse bildet die Aktivität der Gene, die durch zahlreiche Stimuli reguliert werden. Ernährung, Bewegung, Umwelt und Beziehungen gehören zum Beispiel zu den Stimulantien. Alle sozialen Erfahrungen werden vom limbischen System in biologische Prozesse übersetzt, so wird Psychologie sozusagen zu Biologie.

Bei positiven Herausforderungen wird das Nervenwachstum aktiviert. Bei ungesundem Stress aktivieren Gen – Prozesse (u. a. das CRH – Gen) den Untergang von Nervenzellen.

Zwischenmenschliche Zuwendung und soziale Unterstützung aktivieren biologische Synthesen, die uns Vitalität verspüren lassen. Menschen die an Schmerzen leiden, reagieren auf soziale Zuwendung mit einer massiven Produktion von beta – Endorphinen, einem wichtigen endogenen Opioid, das eine Schmerzreduzierung bewirkt.

Hauptsächlich sind für unser Wohlbefinden sechs Glückshormone zuständig:

* Serotonin
Es wirkt auf das Schmerzempfinden ein. In Verbindung mit Melatonin beeinflusst es das Schlafverhalten. Auch das Sexualleben wird durch Serotonin beeinflusst , wie auch der allgemeine emotionale Zustand.

Serotonin wirkt auf den Magen – Darm – Trakt und das
Herz – Kreislauf – System, den Augeninnendruck und
die Körpertemperatur.
Es wird durch Licht aktiviert.
Serotonin wird im Gehirn durch Tryptophan hergestellt;
ca. 250 mg Tryptophan (eine Aminosäure) wird dazu
benötigt, das durch die Nahrung aufgenommen wird.

* Dopamin

Dopamin leitet Gefühle und Empfinden weiter, reguliert
die Durchblutung der inneren Organe und steuert den
Muskeltonus. Ausgelöst wird Dopamin durch Bewegung
an frischer Luft.
Jede Freischaltung von Dopamin löst Motivation aus.
Es ist eine biochemische Vorstufe von Noradrenalin und
Adrenalin.
Als Zwischenprodukt und Überträgersubstanz wird
Dopamin an die adrenergischen Nerven freigesetzt.
Es ist ein wichtiger Überträgerstoff im Zentralen
Nervensystem.

*Noradrenalin

Es wird in Verbindung mit einem Enzym aus Dopamin
gebildet. Noradrenalin befindet sich im Zentralen
Nervensystem und den Nebennieren. Die Ausschüttung
erfolgt durch körperlichen und geistigen Stress.
Es steuert die Aufmerksamkeit und die Wachheit, steigert
die Motivation und Aktivität und die geistige
Leistungsbereitschaft.
Ausgelöst wird es durch Bewegung an frischer Luft.

* Endorphine

Endorphine zählen zu den vom Körper hergestellten Morphinen, den Opiodpeptiden, und sind ein körpereigenes Schmerzmittel. Bei starken Schmerzen wird ein Rauschzustand ausgelöst.

Es reguliert das Hungergefühl, die allgemeine Stimmung, steigert die Leistung und die Produktion von Sexualhormonen.

Intensiver Sport löst Endorphine aus.

Gebildet werden Endorphine durch Neurotransmitter im Hypothalamus und der Hypophyse.

* Phenethylamin

Es steigert das Lust – und Glücksempfinden.

Die Ausschüttung kann körperliche oder psychische Ursachen haben, zum Beispiel Ausdauertraining.

Die Begleiterscheinungen des Verliebtseins gehen auf Phenethylamin zurück.

* Oxytocin

Es ist verantwortlich für die Mutter – Kind – Beziehung, reguliert das Auslösen der Wehen und die Milchproduktion beim Stillen.

Oxytocin reduziert Angst und Stress und fördert das Wohlbefinden. Es dämpft die biologische Stressreaktion, senkt den Blutdruck und erhöht die Bereitschaft, sich empathisch und kooperativ zu verhalten. Zu viel Oxytocin kann naives Verhalten auslösen.

Es kann durch Zuwendung animiert werden.

Visuelle und sexuelle Reize können Oxytocin stimulieren, wie auch olfaktorische Reize, also Düfte, zum Beispiel Schokolade, Vanille, Orange, Grapefruit und Zitrone.
Es wird im Hypothalamus gebildet und im Hypophysenhinterlappen gespeichert.

Weitere Infos:
Die Botenstoffe Dopamin und Serotonin geben Informationen an über 100.000 (!) Synapsen weiter.

Verantwortlich für Stress sind Cortisol, Adrenalin und Noradrenalin.

Das Schlafhormon Melatonin wird im Winter vermehrt produziert.

Deine Werkzeuge

Neben charakterlichen Stärken stehen weitere Werkzeuge zur Verfügung, mit denen bewusst gearbeitet werden kann. Immer wenn Energie gezielt eingesetzt wird, eröffnen sich neue Erlebnisebenen.

Produktivität und Kreativität

Kreativität ist die Verbindung zwischen Fantasie und Wirklichkeit.
Sie bezeichnet die Fähigkeit, unstrukturierte Situationen durch eigene Talente schöpferisch zu gestalten.
Hierbei geht es nicht um künstlerisches Schaffen, sondern um produktive Initiative.
Kreative Prozesse formen neue Strukturen, bringen Bewegung in Sinnbezüge, schaffen spielerisch neue Beziehungen zur eigenen Fantasie, zum Selbstempfinden und dem eigenen Ideenreichtum.
Oft werden kreative Ideen als als Muse, Inspiration oder auch Mystik erlebt. Schaffensprozesse werden manchmal als Meditation empfunden, schalten das Zeitgefühl aus und lenken das Bewusstsein auf den Moment.
Kreative Denkprozesse laufen weitgehend unbewusst ab, befinden sich aber ständig im Alltag.

Besonders in jungen Jahren ist die kreative Sinnfindung ausgeprägt, sie wird aber im Laufe der Zeit durch logisches, Wissen bezogenes Empfinden geschmälert; – die persönliche Produktivität verkümmert.

Mit Hilfe kreativer Lösungsansätze können persönliche
Hürden überwunden werden, eigene Schaffenskraft
geweckt und neue Perspektiven geöffnet werden.
Das künstlerische Können ist dabei nebensächlich – im
Vordergrund steht der individuelle Prozess.
Produzieren statt konsumieren!

Anregung zum kreativen Schaffen:
Ausdrucksmalerei
Jeder hat Lieblingsfarben, die wie Stimmungsaufheller
wirken. Gehe auf die Suche nach deinen Glücksfarben.
Nachdem du deine Lieblingsfarben bestimmt hast, können
aus simplen Strukturen, Ovoiden, Doodles, Zentangel
oder Mandalas ganz persönliche Seelenbilder werden, die
dich fröhlich machen!
Nimm dein Glück in die Hand und lasse dich wundern,
was du dir selber durch Farben mitteilen kannst.
Motiviere nicht nur die eigene Kreativität, sondern stelle
dir selber ein Geschenk her, das dich immer wieder an
Positives erinnern lässt.
Schon durch das analysieren der Lieblingsfarben gehst du
in deine Tiefe und erkennst versteckte Sehnsüchte und
Wünsche, weckst erfreuliche Erinnerungen und zeigst dir
selber Wege zum positiven Erleben auf.
Male aus dem Bauch heraus mit Farben und Formen, was
dich aktuell bewegt.
Inspiriere dich selber und gebe deinen Bildern positive
Themen, wie Herzenswunsch, Dankbarkeit, Mut, Liebe,
Vertrauen, Hoffnung, Ziel usw. Gebe deinen
Lieblingsfarben die Gelegenheit sich auszudrücken.

Bewegung

Durch Forschungen mit Positiver Psychologie wurde festgestellt, dass Sport der Muntermacher Nummer Eins ist.

Jede Bewegung lockert die Seele auf.

Besonders Bewegungen in der Natur erfrischen das Gemüt langfristig. Ausdauersport motiviert dauerhaft und stimuliert die Ausschüttung der Glückshormone.

Die Natur, und gerade der Wald, ist der beste Arzt und Berater. Bekanntlich gibt es kein schlechtes Wetter, nur unpassende Kleidung.

Körperliche Bewegung lässt Geist und Seele freier werden. Die Bewegungsabläufe werden im Freien bewusster, dein Körper rückt näher an dich heran.

Du empfindest dich intensiver, wenn du dein Umfeld bewusst zulässt. Aufmerksamkeit ist ein Basis – Aspekt der Positiven Psychologie.

Ein inspirierender Spaziergang mit Wahrnehmungstraining lässt dein Sinnempfinden neu erwachen.

Spontane Aktionen und Zeiterlebnisse entwickeln sich in der Natur am leichtesten.

Urtümliche Landschaften sensibilisieren unsere Sinneswahrnehmungen und verbinden uns dadurch mit unseren persönlichen Bedürfnissen und Eindrücken.

Momente in der Natur können wie Meditationen wirken. Erinnerungen und Assoziationen zu persönlichen Erlebnissen steigen auf.

In vielen Religionen gehen die Mönche beim beten oder meditieren, - auch Bewegungen selbst gelten als Gebet.

Bewegungsübungen

Die Körperbewegung nimmt eine wichtige Rolle ein, weil Innen und Außen dadurch miteinander kommunizieren.

Alles im Leben ist ständig in Bewegung. Äußere Reize bringen innere Energien zum fließen oder zum stocken. Alle Bewegungen können langsam oder schnell, laut oder leise durchgeführt werden.
Um aufzuzeigen, wie viele Bewegungen möglich sind, führe ich einige auf:

Beinbewegungen:
große Schritte, kleine Schritte („Gänsemarsch", Ferse an Zehe), schnell, langsam, rhythmisch, hüpfend, tänzelnd, humpelnd, stampfend, wippend, auf den Zehenspitzen, auf der Ferse, mit abrollendem Fuß, Füße hoch und Knie anwinkeln, rückwärts gehen etc.

Arm - und Handbewegungen:
parallel oder entgegengesetzt schlenkern, Arme verschränken (vor dem Oberbauch, hinter dem Rücken, vor dem Schritt), klatschen (vor dem Bauch, hinter dem Rücken), rhythmisch oder unrhythmisch, mit den Finger schnippen, Handbewegungen wie Faust ballen oder Hände falten, greifen, usw.

Kopfbewegungen:
seitlich nach links oder rechts drehen, hoch - oder herunter schauen, rundum schauen, wippen, schütteln, Kopf ganz in den Nacken.

Körperhaltungen:
gestreckt (Bauch rein, Brust raus), gebückt, mit angespannten oder entspannten Muskeln, Rumpf drehen (links oder rechts), Schulter hängend oder durch gedrückt, Oberkörper überhängend (Buckel)

Konkrete Übungen:

* *Hin und her geht der Weg:*
Gehe eine Wegstrecke von 20 bis 50 m mindestens
zwei Mal, belege ihn aber mit unterschiedlichen
Handlungsweisen; - der Weg bleibt der gleiche, die
Bewegungen dabei verändern sich. So kannst du
verinnerlichen, dass du auf deinem Lebensweg durch
neue Handlungen auf dein Schicksal einwirken kannst.
Gehe die Wegstrecke einmal langsam, dann schnell, laut
redend, schweigend, bleibe geplant oder willkürlich
stehen, gehe vorwärts und rückwärts usw.
Lasse deinen Blick wandern oder fixiere ihn auf ein Ziel
und beobachte dich und deine Wahrnehmung dabei.

* *Jung und alt*
Erinnere dich daran, wie du dich als Kind bewegt hast,
wie sich die Körperhaltung entwickelte, als du älter
wurdest, spiele Bewegungsabläufe aus deiner Jugend
nach, die oft sehr prägend in ihrer Ausdrucksweise waren.
Wolltest du als Kind Ballerina oder Marathonläufer
werden? Spiele deine Kindheitsträume nach.
Vielleicht ist gerade der Moment gekommen, um sie zu
verwirklichen?
Manchmal reichen Funken von verblassten Wünschen
aus, um große neue Feuer zu entfachen.

* *Blind leiten lassen*
Dies ist eine sehr bekannte Übung, um das Vertrauen
zu stärken. Entweder bittest du eine Person, dich mit
verbundenen Augen zu führen oder du traust dich, alleine
auf einem Waldweg die Augen zu schließen und ein Stück
blind zu gehen.

So werden die Umfeldgeräusche und Gerüche noch intensiver und bewusster. Vertraue dir selbst, passe deinen Schritt deinem eigenen Maß an und stabilisiere dadurch dein Selbstvertrauen.

Atmung

Luft verbindet uns durch die Atmung permanent mit der Umwelt.

Angespanntes atmen verändert die komplette Körperchemie. Zu enge Kleidung kann die Atmung behindern. Wenn ein Gürtel die Taille einschnürt, atmet man möglicherweise nur mit dem oberen Teil der Lunge. Wenn ein Hemd, Bluse oder BH etc. den Oberkörper beengen, kann das dazu führen, dass man nur mit dem mittleren Teil der Lunge atmet.

Bewusstes atmen versorgt alle Körperteile mit Sauerstoff. Es füllt die Energiezentren mit positiver Energie.

In spirituellen Philosophien assoziiert man mit dem Atem eine Verbindung zu dem Geist der Göttin / des Gottes.

In der indischen Philosophie wird die Atem - Energie Prana genannt, in China Chi. Wenn diese Energie in unserem Körper ungehindert fließen kann, steigern sich Abwehrkräfte und Stabilität.

Eine ausgewogenen Atmung unterstützt das Konzentrationsvermögen.

Übungen:

Atemgruß:

Bei Beginn (und evtl. am Ende) eines inspirierenden Spazierganges ist es förderlich, drei oder fünf Mal mit geschlossenen Augen tief ein - und aus zu atmen.

Diese Übung fördert das kollektive Bewusstsein und hilft Vertrauen aufzubauen. Die Umwelt dringt ad hoc in den Vordergrund.

Mund ein / Nase raus:

Bei dieser Übung atmet man tief durch den Mund ein und durch die Nase wieder aus. Lege die Zungenspitze dabei auf den Gaumen. Diese Übung kann man 5 Mal nacheinander oder auch öfter anwenden. Sie vertieft sehr das Empfinden für Atmung an sich.

Außerdem wirkt sie Hyperventilationen entgegen, weil der Atemweg bewusster wird.

Sie wirkt auch gegen Einschlafstörungen, wenn man jeweils beim ein – und ausatmen bis 3 oder 5 zählt.

Atemtechniken aus dem Yoga:

Kapalabhati:

Einatmen, kurz und kräftig ausatmen, dabei den Bauch einziehen. Einatmen, den Bauch entspannen. 20 Mal in gleichmäßigem Rhythmus wiederholen.

Dann einatmen, vollständig ausatmen, voll einatmen und so lange es ohne Verkrampfung geht, den Atem anhalten. Langsam und bewusst ausatmen.

Anoloma Viloma:

Durch das linke Nasenloch einatmen und dabei das rechte mit dem Daumen zuhalten. Atem anhalten, dabei beide Nasenlöcher zuhalten (das linke mit dem Ringfinger oder dem kleinen Finger).

Dann durch das rechte Nasenloch ausatmen, das linke geschlossen halten. Durch das rechte Nasenloch einatmen, das linke geschlossen halten. Durch das linke Nasenloch ausatmen, das rechte zuhalten usw.

Das Besondere der Übung besteht darin, sich in einen gleichmäßigen Rhythmus einzupendeln.

Sprechen / Stimme

Die Gebärdensprache gestaltet sich weltweit fast gleich, - es ist also die einzige Sprache, die global einsetzbar ist.

Wir geben beim sprechen Laute ab, die sehr individuelle Schwingungen darstellen. Jedem Menschen sind unterschiedliche Arten möglich, um sich verbal auszudrücken. Automatisch legen wir unsere aktuelle Stimmung in die Aussprache. Wenn wir wütend oder aufgebracht sind, wird die Stimme lauter und fester. Möchten wir uns schmeichelnd mitteilen, reden wir leise, sanft, flüsternd.

Durch unterschiedliche Anwendung der eigenen Sprachmöglichkeiten und „körpereigenen Geräusche" kann deutlich werden, wie viel Einfluss und Möglichkeiten du auf deinen verbalen Ausdruck hast.

Welche Art zu sprechen wirkt auf dich selber positiv und angenehm, mit welcher Stimmlage identifizierst du dich am ehesten? Kannst du dich klar und deutlich ausdrücken?

Der singende Mensch gebraucht seinen ganzen Körper als Instrument. Der Atem verursacht durch seine Schwingung einen Ton und der Leib funktioniert wie ein Resonanzkörper, woraus die persönliche Stimmfarbe ihren Ausdruck erlangt.

Sprachbeispiele:
laut, leise, langsam, schnell, stottern, lispeln, nuscheln, singen, jaulen, wimmern, schnalzen, schmatzen, pfeifen, schreien, singen

Übungen:

Hör dich!
Übe an einem einsamen Ort die Möglichkeiten deiner
Stimme; - schreie, singe, spreche spontane Laute aus usw.

Vokalsingen:
Das Vokalsingen oder – atmen stammt ursprünglich
aus dem indischen Ayurveda und wird oft mit Yoga
verbunden, mit Chakren - Übungen oder Meditation.
Diese Übung dient Angstaptienten, weil die Atmung
gleichmäßiger wird. Sie stärkt aber grundsätzlich das
Selbstempfinden und die Selbstwahrnehmung, vertieft
Meditationen und auch das mentale Training.
Sprachbarrieren können brechen und die Aussprache
wird durch Vokalsingen gefestigt.
In einer entspannten Sitzhaltung tief und langsam ein –
und ausatmen. Es ist wichtig, dass die gesamte Luft
bedächtig ausgeatmet wird.

Bei jedem ausatmen werden Vokale gebildet.

Die übliche Reihenfolge besteht aus:
A – E – I – O – U.

Um ein besseres Körpergefühl zu erlangen, kann eine
Hand auf den Brustraum gelegt werden.

Geistige Bilder

Unsere Fantasie verbindet den Moment mit der Vergangenheit, - schon erlebte Eindrücke verbinden sich mit der Gegenwart, dem Neuen.

Spontaneindrücke vermitteln zwischen den persönlichen Wirklichkeiten. Diese Erinnerungen sind für uns wichtig, weil sie Ansätze für persönliche Prioritäten aufzeigen.

Als „geistige Bilder" werden spontane Eindrücke definiert, die in Form von Fantasie vermittelt werden, wenn wir träumen oder in Zuständen tiefster Entspannung; - zum Beispiel auch in der Einschlafphase, durch Meditation oder (kontemplatives) Beten.

„Geistige Bilder" sind die Grundlage für Suggestionen und führen durch kreative Aktionen.

Sie geben Hinweise auf unerfüllte Wünsche und Bedürfnisse und können dadurch neue Ziele formen.

Sie wirken wie Assoziationen oder persönliche Gleichnisse mit einem tiefen Sinnbezug, deren Auflösung auf versteckte Bedürfnisse, vernachlässigte Vorlieben und Talente hinweisen können.

So wie Träume auf unterschiedliche Art interpretiert werden können, weisen auch andere bildliche Eindrücke auf tiefere Sinne hin.

Sie können aus psychologischer Sicht gedeutet werden, auf einer spirituellen Ebene oder im ideellen Sinn.

Übung:

Lebenslinien

Die Gegenwart wird durch den Filter der Vergangenheit wahrgenommen. Was in der Vergangenheit gelernt und erlebt wurde, trägt sich in die Gegenwart hinein.

Gelernte Programme unterscheiden in Positives und Negatives.

Schaue dir deine positiven Lebensabschnitte genau an. Vergessene und vernachlässigte Vorlieben, Talente und Bedürfnisse werden in ein neues Blickfeld gerückt. Neue Ideen erschaffen sich ihren Raum, Vermisstes sucht sich Lücken, Talente und Interessen zeigen neue Wege.

Arbeitsblätter helfen dir, deine eigenen Stärken und Ziele anschließend konkreter ins Auge zu fassen. Zum Beispiel kannst du die Jahresabschnitte auf 10 Jahre oder 15 Jahre eingrenzen und deine Suche nach Schwerpunkten in dieser Zeit gliedern in Familie, Job, Talente, Reisen, besondere Erlebnisse usw.

Was hat dich in der Vorschulzeit besonders interessiert, welche Vorlieben hattest du in der Grundschulzeit, welche Wünsche als Teenager usw., - versinke in den positiven Erinnerungen deines Lebens.

Hierdurch werden verdrängte und vergessene Wünsche, Kompetenzen, Talente und Stärken wieder bewusst und können neu erlebt und verfeinert werden.

Die 5 klassischen Sinne

Auf die Sinnempfindungen möchte ich eingehen, weil das bewusste Wahrnehmen sehr wichtig für Anwendungen der Positiven Psychologie ist.
Ohne unsere Sinne sind keine Empfindungen möglich.
Sinnempfindungen sind mit verantwortlich für die aktuelle Gemütslage.

Hören
Rhythmen lösen Thetawellen aus. Diese Wellen sorgen dafür, dass wir tanzen, wenn Percussion zur Musik benutzt werden, und können zur Ekstase führen. Sogar Kleinkinder wippen zum Klang einer Rassel. Musik macht Gefühle hörbar, sodass sie auf die Zuhörer überspringen und Emotionen auslösen. Rhythmus ist nie statisch, sondern immer dynamisch und dadurch mit Bewegungen verbunden.
Das Ohr ist eng mit dem Gleichgewichtssinn verbunden und dient uns auch als Orientierungshilfe.
In der Natur klingen Geräusche anders, als im Alltagsgeschehen. Vogelzwitschern im Straßenverkehr wahrzunehmen gestaltet sich schwieriger, als in einem stillen Wald.
Natürliche Geräusche wie Wasserrauschen, Wind und Tierlaute wirken beruhigend und innerlich anregend; - während Massengeräusche (Stimmengewirr, Straßenverkehr etc.) eher Kraft fordern und innere Unruhe auslösen, stärken Naturgeräusche die eigene Konstitution. (Zu -) Hören ist ein wichtiger Bestandteil der Kommunikation.

Riechen

Der Geruchssinn ist ein Teil des Limbischen Systems.
Oft vergessen wir das bewusste Riechen. Niemand
möchte sich den Geruch von den Abgasen in der Umwelt
bewusst machen.

In der Natur nehmen wir Gerüche bewusster wahr, was
auch daran liegt, dass wir dort intensiver atmen.

Auch Gerüche sind vielschichtig und in abwechslungs-
reicher Form präsent. In einer Fußgängerzone kann es auf
der einen Straßenseite nach frischem Kaffee, Eis und
Waffeln, auf der anderen Seite nach Pizza, Döner und
Currywurst riechen.

Im Wald befinden sich ebenso viele verschiedene
Duftstoffe. Frisch beregnete Natur riecht anders, als
trockene.

Hast du einen Lieblingsgeruch? Gibt es Gerüche, die dich
an deine Kindheit oder an wichtige Ereignisse erinnern?

Sehen

Das Sehen verbindet uns mit der Außenwelt.

Vom gleichen Standpunkt aus sind unterschiedliche
Perspektiven möglich.

Mikro – und Makrokosmos werden bewusster, je mehr
Details betrachtet werden.

Die Kopfbewegungen verbinden fast alle Reize
miteinander und geben sofort Impulse für spontane
Aktionen.

Drehe den Kopf seitlich nach links oder rechts oder
schaue rundum, beschreibe die Umgebung und halte
dabei Ausschau nach bekannten oder persönlichen
Eindrücken. Oder bleibe dabei an einem Punkt stehen
und genieße alle Perspektiven bis ins Detail.

So richtest du deine Aufmerksamkeit gezielt auf einen Moment, den du nie wieder vergessen wirst.

Schmecken
Was uns gut schmeckt, essen wir gerne.
Oft fehlen uns die Mineralstoffe der Nahrung, deren Geschmack wir nicht mögen.
Unterschiedliche Geschmackstypen sind süß, salzig, zusammenziehend, sauer, bitter und scharf.
Süßes hebt nur minimal und unscheinbar die Stimmung, - das gilt auch für Schokolade, der man dies besonders nachsagt.
Bewusstes, langsam essen macht Geschmäcker bewusster.
Letztendlich entscheiden aber deine Gedanken, deine Vorstellung von „gutem Geschmack", ob sich die Stimmung dadurch aufhellt.

Hautempfinden
Der Tastsinn schließt Druckempfinden, Schmerz und Temperaturwirkungen mit ein.
Wenn wir es uns bewusst machen, spüren wir, dass jeder Windhauch über die Haut streichelt.
Die Haut gibt Signale weiter, die wir zum Teil unbewusst deuten, z. B. beim Händedruck.
Auch Umarmungen unterscheiden sich in vieler Hinsicht, - eine Herzumarmung, bei der beide Beteiligten sich auf der Herzseite berühren, dringt viel weiter in das Bewusstsein, als ein flüchtiger Drücker.
Für Hautempfindungen ist der Einfluss von Außen unentbehrlich. Man kann sich nicht selber kitzeln.

Themen aus dem Alltag

Selbstfindung

„Selbstfindung beschreibt einen in der Pubertät beginnenden Prozess, durch den ein Mensch versucht, sich in seinen Eigenheiten und Zielen zu definieren, vor allem in Abgrenzung von der Gesellschaft und ihren Einflüssen."

~ Wikipedia ~

Selbstfindung balanciert zwischen Abgrenzung und Anpassung.
Wer sich selbst gut kennt, kann seine Stärken einschätzen und ausleben. Werden Talente und Fähigkeiten klar, wirkt sich das positiv auf das Selbstbewusstsein aus.
Notwendig ist die Bereitschaft, sich mit den eigenen Werten auseinander zu setzen. Nur eine klare Haltung kann zur Individualität führen.
Externe Erwartungen und Einflüsse können bewusst gefiltert und eingeordnet werden.
Sich von unnötigen Verpflichtungen und von negativen Gedanken und Tätigkeiten zu entbinden, bringt persönliche Freiheit und Stabilität mit sich.
Auch das Umfeld kann eine Person neu entdecken, je mehr sie selbst von der eigenen Wirklichkeit versteht.
Selbstfindung bürdet nichts auf, sondern erlöst von unnötigem Ballast.

Die Charakter – Aspekte der Positiven Psychologie helfen, Stärken neu zu entdecken und zu leben.

Je zufriedener du mit deinem Handeln, deinen Gedanken und deinem Wirken bist, je authentischer du dich selbst empfindest, desto mehr hast du von dir selbst verstanden und entdeckt.

Deine Zukunft lässt sich am einfachsten erkennen, wenn du sie selber erschaffst!

Trau dir etwas zu!

Gemeinschaften

Gemeinschaften wachsen wie Bäume: langsam aber stetig stabilisieren und entfalten sie sich, bis sie Raum und Schutz geben. Werden sie nicht gepflegt, könne sie verdorren.

Familien und Ehen sind Gemeinschaften, die einen besonderen Stellenwert im Leben einnehmen.

Viele Differenzen in partnerschaftlichen Beziehungen entspringen dem mangelhaften oder unausgeglichenen „Wir – Empfinden" oder der Vernachlässigung der „Ich" - Position.

Die Grenzen der „Ichs" müssen sich verflechten, damit eine stabile, ausgeglichene Bindung wachsen kann, in dem das „Ich" ein zu Hause, eine feste Position finden kann, die auch persönliche Entwicklungen fördert.

Nicht nur das „Wir" braucht Liebe und ein zu Hause, sondern auch das „Ich".

Klare Kommunikation kann Konflikten und Missverständnissen (vermisstem Verständnis) vorbeugen oder vorhandene Unstimmigkeiten klären.

Gemeinsam aktiv zu werden zeigt oft versteckte Bedürfnisse und Wünsche. Gerade in harmonischen und kraftvollen Zeiten einer Partnerschaft kann die Energie genutzt werden, um sich aufeinander einzulassen.

Spontane Aktionen bringen frischen Wind in den Alltag.
Zuwendung und Aufmerksamkeit zu schenken festigt das
Vertrauen und intensiviert die persönlichen Stärken.
Neue Ziele anstreben offenbart vergessene Wünsche und
birgt neue Gemeinsamkeiten.

Jede einzelne Person in einer Gruppe braucht ihren
persönlichen Freiraum und Aufgaben, die den eigenen
Stärken entsprechen, um eine gute Position im Team
einnehmen zu können. Werden die Stärken der Einzelnen
bewusst wahrgenommen und aktiviert, ergeben sich
automatisch die Aufgaben innerhalb der Gruppe.
So können anstehende Projekte reibungslos bewältigt
werden.
Unregelmäßigkeiten tauchen auf, wenn Menschen Dinge
tun, die sie nicht gut können, wenn sie Herausforderungen
annehmen, denen sie nicht gewachsen sind oder die ihnen
nicht behagen.

Mit den Begriffen der Positiven Psychologie können alle
involvierten Personen ihre eigenen und die Stärken der
anderen bewusster wahrnehmen und dadurch vertiefen
und ausleben.

Kindheit und Jugend
Körperliche und seelische Widerstandskraft festigt sich
in der Kindheit. Ein Umfeld, das dem Kind die Basis zur
Entwicklung von Resilienz abfordert, und die sensiblen
Nerven strapaziert, nimmt dem kleinen Menschen
Möglichkeiten sich stabil zu entwickeln.
Optimismus, Aufmerksamkeit und Zuwendung stärken
die zarte Persönlichkeit langfristig.

Regelmäßiges ausbilden von Tugenden und Charakterstärken unterstützt ohne große Mühe das Selbstbewusstsein, die Widerstandskraft, das soziale Verhalten und den Individualismus für den weitere Lebensweg.

In der Jugend erfolgt schrittweise der Zugang zum Erwachsenenleben.
Automatisch geht diese Lebensphase mit hohen Erwartungen von den Jugendlichen an die Umwelt und ebenso von seiner Umgebung auf den jungen Erwachsenen einher.
Neue Anforderungen, Konflikte, Risiken, Entfaltungen, Herausforderungen und Interessen verändern ständig den Alltag.
Der junge Mensch entwickelt eine neue Beziehung zu sich selbst und seiner Umwelt. Er definiert und positioniert sich anders; – und das wird auch von ihm erwartet.
Schulabschluss und Ausbildung stehen an; – der Teenager soll sich entscheiden, welche berufliche Richtung er in seinem Leben einschlagen will.
Diese Veränderungen in mehrere Richtungen fordern sehr viel von jungen Menschen.
In diesen Übergangsphasen geht auch die Sicherheit verloren, durch die Abnabelung der elterlichen Fürsorge und Geborgenheit, und die Zukunft ist zum Teil (z. B. emotional) ungewiss.
Bedrohliche Erfahrungen in dieser Zeit hinterlassen oft tiefe Spuren und Unsicherheiten.
Die Pubertät ist sehr Ereignisreich und eine intensive, bewusste Zeit. Die Wichtigkeit dieser Phase geht oft im Alltagsablauf und den anstehenden Entscheidungen und Veränderungen verloren.

Die Suche nach der Identität ist besonders wichtig.
Wie soll ein junger Mensch seine Ziele definieren, wenn
er noch auf der Suche nach seinen Talenten und
Fähigkeiten ist und sich die Persönlichkeit in einer
Reifezeit befindet?
Die Kraft dieser Phase zeigt sich besonders deutlich in
den äußerlichen Veränderungen, der geistigen Suche und
den psychischen Stärken und Schwächen.
Weil diese Zeitspanne so entscheidend für die Zukunft
ist, sollte kein Mangel an Optimismus, Motivation,
Hoffnung, Zuwendung und Aufmerksamkeit entstehen.
Nicht nur Loben lernen wir durch loben.
Wer als Erwachsener auf junge Menschen eingehen
möchte, sollte sich daran erinnern, wie er sich selber in
dieser Phase gefühlt hat.

Lebensmitte

Vielen ist der Ausdruck „Midlife – Crisis" geläufig.
In der Regel beginnt diese Phase um das 40. Lebensjahr
herum und dauert gerne 10 Jahre an.
Die Individuation wird in der ersten Lebenshälfte
Expansion genannt und in der zweiten Introversion.
Obwohl Männer und Frauen diese Lebensphase
durchwandern, gehen die Symptome weit auseinander.
Was beide verbindet, sind die Aspekte der Selbstfindung
und Spiritualität.

Frauen nehmen in dieser Zeit Abschied von ihrer Aufgabe
als Gebärende, was von körperlichen Symptomen
begleitet wird (Ende der Menstruation, Hitzewallungen,
Gewichtszunahme, Zungenbrennen und andere).

Männer wünschen sich oft, im Beruf kürzer treten zu können, wogegen Frauen häufig das Gefühl haben, noch einmal beruflich und sozial neu durch zu starten.

Auch bei Männern vermehrt sich der Bauchansatz und ihre Gesichtszüge werden weicher. Auf der Suche nach ihrer weiblichen Seite beginnen sie vermehrt zu flirten, die Potenz lässt aber nach.

Frauen bekommen eine rauere, tiefere Stimme, verlieren ebenso wie Männer an Haupthaar, dafür wächst mancher ein Schnurrbart und die Gesichtszüge werden kantiger.

Wer es nicht versteht, sich selbst in dieser Zeit zu reformieren, versucht sein Umfeld zu ändern; - sucht neue Bekanntschaften und Wirkungskreise oder nimmt Abstand von Familie und Freunden.

Die Flucht vor der inneren Auseinandersetzung führt zu Unruhe und Unzufriedenheit und verursacht die Suche nach Neuem im Äußeren.

Gerne werden neue Lebensformen ausprobiert, - ein anderes Styling oder wertvollere Ernährung werden wichtig. Ebenso können auch Exzesse (Alkohol, Drogen etc.) oder Völlerei ein Zeichen für die innere Ratlosigkeit sein.

Es kann auch zu einer Art „innerer Starre" kommen, um die anstehenden Veränderungen zu blockieren. Um die Unsicherheit zu verbergen, wird an allem geklammert; - an Menschen, an Grundsätzen und Prinzipien. Das führt zu Härte, Kälte und Kleinlichkeit, freud – und lieblos wird alles kritisiert und beschimpft.

Eine regelrechte Erschütterung kann in dieser Lebensphase erfolgen, die innerlich und äußerlich anstrengende Veränderungen mit sich bringen kann.

Der Seelengrund will in dieser Zeit betrachtet werden. Vergessene Bedürfnisse und vergessene Wünsche wollen gefunden werden.

C. G. Jung sieht das Hauptproblem darin, dass der Mensch meint, er könne mit den Mitteln und Prinzipien der ersten Lebenshälfte die Aufgaben der zweiten meistern.

Letztendlich spielt auch die Betrachtung des näher rückenden Lebensendes eine Rolle. Der Tod stellt jede Heimat in Frage.

Wer sich auf sein Unbewusstes einlässt, kann eine geistige und spirituelle Wiedergeburt erfahren und die Versöhnung mit sich selbst erleben.

Konflikte

Konflikte gehören zum Alltag. Sie sind auch notwendig, damit wir uns persönlich positionieren können. Die Art, wie mit Konflikten umgegangen wird, kann jedoch oft zu Schaden führen.
Konflikte weisen auf Unzufriedenheiten hin, auf nicht erfüllte Bedürfnisse. Sie zeigen also auch Wege zu Veränderungen und Verbesserungen der Lebenssituation und fördern kreative Auseinandersetzungen.
Wer sich um der scheinbaren Harmonie Willen zurück nimmt, stagniert und verzichtet auf verschiedene Möglichkeiten und Ideen. Und wer es allen recht machen will, engt sich selber immer mehr ein.
Konflikte sind für alle Betroffenen unschön und kosten Kraft.

Wer die Beherrschung verliert, kann ebenso Schaden anrichten, wie derjenige, der sich zurückzieht und sein Umfeld kalt schneidet oder jemand, der dritte Personen einbezieht.

Ungelöste Konflikte lähmen, sabotieren oder verhärten die Menschen. Zwischenmenschliche Beziehungen können daran zerbrechen.

Konflikte bieten Chancen kreativ gelöst zu werden, damit alle involvierte Personen dadurch wachsen und erwachen.

Aktionen die mit Freude verbunden sind, wirken entschärfend und lösend, - egal wie unscheinbar sie wirken mögen.

Eine klare Kommunikation erweist dem Gegenüber Respekt, ebenso wie das Anschauen des Gesprächspartners.

Aufmerksamkeit und Achtsamkeit bringen allen Beteiligten Entspannung und Widerstandskraft.

Gemeinsam kann nach Lösungen gesucht werden, die allen Involvierten nutzen.

Lächeln anstatt zu toben bringt immer Entspannung mit sich.

Innerer Stress, „Burn Out"

Es heißt, dass eine Hochzeit den meisten Stress auslöst. Auch wenn dieser Tag positiv empfunden wird, fordert er Höchstleistungen von Körper, Geist und Seele.

Sogenanntes „Burn Out" entsteht durch negativen inneren Stress, der aufgelöst werden kann.

Wenn die Adaptionsreserven verbraucht sind, können zu der Erschöpfungsphase auch körperliche Erkrankungen auftreten (allergische Reaktionen, Magengeschwüre, Asthma, Herzkrankheiten usw.).

Physiologisch gesehen wird Stress vom Hypothalamus gesteuert. Der Umgang mit Stress ist ein wichtiger Faktor zur Prävention von körperlichen und seelischen Krankheiten.

Um einen Weg zum Ausgleich zwischen positiven und negativen Anforderungen zu finden, ist es wichtig, Vermeidungen und Resignationen ausfindig zu machen. Problembezogene oder emotionsorientierte Bewältigungsstrategien können ausgearbeitet werden, wenn Blockaden erkannt werden.

Oft wirkt der innere Druck durch zu viel „Masse", die keinen Raum für eigene Entfaltungen zulässt.

Aufmerksamkeit öffnet die verschlossenen Reserven.

Das genießen von Momenten hilft, die Schlupflöcher zu entdecken, in denen die Seele Ruhe findet.

Durch Glücksempfinden und Freude stocken die Kraftreserven auf. Anerkennung und Zuwendung hilft beim Aufbau positiver Energie.

Selber negative und belastende Aspekte ausfindig zu machen und zu vermeiden, stärkt das Selbstbewusstsein und das Gefühl für die eigene Person.

Alle Charakterstärken können helfen, damit sich der erschöpfte Mensch wieder stabilisiert. Das Anwenden und Ausbauen der persönlichen Stärken unterstützt alle anderen Eigenschaften.

Psychische Erkrankungen

* Depressionen, Psychosen, Angsterkrankungen, Suchtverhalten u. a.

In schweren Zeiten, in Lebenskrisen, durch Schicksalsschläge oder bei chronischen psychischen Erkrankungen, dient die Positive Psychologie wie eine Krücke, auf die sich Menschen stützen können.
Oft glauben Betroffene, sich zum Positivismus überwinden zu müssen, erkennen die Freude in ihrem Leben nicht an oder vergraulen sie durch Schuldgefühle.
Bei Depressionen fließt die Energic ins Unbewusste, anstatt hinaus.
Wer trauert mag sich unwohl fühlen, wenn er eine Minute lang grinst oder sich Gutes tut.

Die meisten Menschen ertragen irgendwann in ihrem Leben gleiches oder ähnliches Leid, wie andere, aber jeder empfindet es anders und geht deshalb auch individuell mit Problemen um.

Positive Psychologie verändert nicht die Last im Leben, aber ihren Umgang damit.

Eine Stütze gilt für alle belastenden Momente im Leben: deine persönlichen Stärken geben dir Kraft!

Weitere Methoden aus der Praxis

Synästhesie

Unter Synästhesie versteht man die gleichzeitige
Wahrnehmung in verschiedenen Rezeptionsmechanismen.
Sie wird als normale menschliche Wahrnehmungs-
fähigkeit angesehen, welche durch Übungen gefördert
werden kann.
Aus der Lehre der Doppelempfindungen (Synopsie) ist
bekannt, dass u.a. manche Menschen Farben empfinden,
wenn sie Töne hören. Farben - und Bewegungskräfte
rufen Seh – und Hörweisen hervor, welche verwandten
Charakter zeigen.

Als Grundlage für die künstlerische und praktische Arbeit
in den Werkstätten des Bauhauses wurde in der Weimarer
Zeit eine Harmonisierungslehre angeboten, welche sich
besonders der Sensibilisierung der Sinne durch Klang
und Farbe widmete. Dieser Unterricht wurde als
synästhetische Lehre bezeichnet.

Neben der Verbindung von Farbe und Musik werden
auch Bewegungen eingebracht.
In der Anthroposophie nach Rudolf Steiner spielt die
Bewegungskunst „Eurythmie" eine wichtige Rolle.
Diese Eurythmie lässt sich mit synästhetischen
Wahrnehmungsweisen vergleichen, da es darum geht,
sinnlich – analog und sensibel zu erleben.
Das einfühlende Erleben von Sprachlauten mit Farben
und dazugehörigen Bewegungsformen wird geübt.

Der russische Künstler W. Kandinsky veröffentlichte 1912 sein Buch „Über das Geistige in der Kunst", in welchem er die einzelnen Farben mit verschiedenen Musikinstrumenten verglich. So passt für ihn zum Beispiel die gelbe Farbe zum spitzen Ton der Trompete.

Workshops auf Grundlagen der Synästhesie, wie zum Beispiel malen mit Musik oder im Freien wirken sehr individuell. Von Entspannung, Motivation, Freude oder Ideenfindungen können sich viele persönliche Facetten entfalten

Musik und Farben lassen sich individuell verbinden. Unterschiedliche Musikstile lösen verschiedene Emotionen aus. Rhythmen und Instrumente lassen sich mit Farben, Formen und Bewegungen verbinden.

Auch Eindrücke aus dem Umfeld können auf diese Weise eingebunden werden: ein mit Menschen belebter Platz ruft andere kreative Verbindungen hervor, als Bäume, die sich auf einer stillen Waldlichtung im Wind wiegen.

Das ABC Modell
Das ABC Modell kann Wege aufzeigen, um die eigene Resilienz zu stärken.
Es hat seinen Ursprung in der Verhaltenstherapie und wurde von dem Psychologen Albert Ellis entwickelt. Durch dieses Modell können wir uns selbst besser kennen lernen und die Selbstreflexion fördern. Ausgehend vom ABC Modell gibt es verschiedene Übungen und Methoden.

Unsere Gefühle und unser Verhalten entsteht nicht durch kritische Situationen. Es liegt an unserer Interpretation, wie wir fühlen, denken und handeln.
Gerade in instabilen Situationen lernen wir unsere Gedanken und Emotionen kennen.

Das **A** steht für Adversity = Herausforderungen, Widrigkeiten, Konflikte

Das **B** bedeutet Beliefs = Glauben, Bewertungen, Überzeugungen

Das **C** steht für Consequences = Gefühle und Verhalten als Konsequenz

Widrigkeiten (A) erfordern Reaktionen und lösen Gefühle aus (C). Wirksam werden diese Situationen aber nur durch die Bewertung (B).

Es hilft, Überzeugungen und Gefühle bewusst zu machen, weil sie die Intensität und Qualität das Verhalten beeinflussen.
Das ABC Modell kann im Alltag hilfreich sein, um Denkfehler und Konflikte zu vermeiden oder aufzudecken.

Es bietet sich an, Tabellen anzulegen, um spontan Ideen eintragen zu können.

Brainstorming
Alex F. Osborn entwickelte 1939 das „Brainstorming", was heute als Klassiker unter den kreativen Methoden gilt.

Brainstorming wird oft für Gruppen angeboten, kann aber auch von Einzelpersonen genutzt werden.
Jeder Teilnehmer trägt so viele Ideen zu einem Thema bei, wie ihm einfallen. Schon genannte Ansätze dürfen vertieft werden, auch der Fantasie sind keine Grenzen gesetzt.
Die Gedanken sollen spontan ausgesprochen werden.
Es darf nichts zensiert oder zurückgehalten werden.
Dieses sammeln von Ideen, Möglichkeiten und Inspirationen wirkt anregend und motivierend und zeigt neue Wege und Chancen auf.

Unterschiedliche Methoden:

- Eine Gruppe arbeitet gemeinsam und offen, z. B. auf einer Tafel oder ähnlichem.

- Jeder einzelne einer Gruppe erstellt zuerst eine eigene Liste, die anschließend gemeinsam erarbeitet wird.

- Eine einzelne Person legt eine Liste an, die sie anschließend mehrfach überarbeitet.

- Die Ideen werden auf kleine Zettel geschrieben, diese können anschließend gefaltet oder in einen Topf geworfen werden. Willkürlich wird ein Zettel gezogen und die Anregung besprochen oder überarbeitet.
Diese Methode eignet sich für Gruppen oder auch Einzelpersonen.

Anregungen und Tipps zur Positiven Psychologie

I. Weisheit und Wissen:

I.1. Kreativität
Fragen: Nimmst du deine Fantasie wahr?
Nutzt du deine kreativen Talente?
Wie setzt du Kreativität um; - zu Hause, im Job,
im Alltag?
Hast du ungewöhnliche Ideen?

Tipps: Dekoriere etwas spontan um; - zu Hause, im
Auto, am Arbeitsplatz.
Bestimme deinen Lieblingsfarbton.
Stelle etwas her; - male ein Bild, schreibe eine
Geschichte, handarbeite, bastle, handwerke

I.2. Neugier
Fragen: Was weckt deine Aufmerksamkeit?
Bist du offen für Überraschungen?
Was verändert sich aktuell in deinem
nahen Umfeld?
Wofür interessierst du dich?
Was interessiert dich im Alltag am meisten?

Tipps: Sei aufmerksam!
Nimm einen Moment bewusst wahr.

I.3. Urteilsvermögen

Fragen: Aus welchen Perspektiven kannst du deine Ziele betrachten?
Kannst du dich in andere Menschen hinein versetzen?
Wo möchtest du neue Erkenntnisse und Einsichten gewinnen?
Wo eröffnen sich Alternativen für dich?

Tipps: Beobachte einen fremden Menschen und versuche dich in ihn hinein zu versetzen.
Beobachte einen dir bekannten Menschen und versuche dich in ihn hinein zu versetzen.

I.4. Liebe zum lernen

Fragen: Welche Themen und Wissensgebiete interessieren dich oder haben dich einmal interessiert?
Was regt dich zum lernen an?
Welche Techniken eignest du dir gerne an?
Was lernst du leichter? Logisches denken, auswendig lernen, mathematische Überlegungen

Tipps: Beschäftige dich mit deinem Lieblingsthema.
Erinnere dich an Themen, die dich früher interessiert haben.

I.5. Weisheit

Fragen: Welche Ratschläge kannst du geben; - und wem?
Welches Wissensgebiet spricht dich am meisten an?

Bei welchen Themen kannst du dich gut einbringen?

Tipp: Hilf einem anderen Menschen etwas zu lernen.

II. Mut und Courage

II.1. Authentizität

Fragen: Was schätzt du an dir am meisten?

Worin liegen deine persönlichen Stärken?

Wann hast du das Gefühl, authentisch sein zu können und warum?

Welche Eigenschaft gehört zu deiner Natürlichkeit?

Welche natürlichen Eigenschaften sind dir bei anderen wichtig?

Tipps: Betrachte und beobachte dich selbst.

Schätze dich.

II.2. Tapferkeit

Fragen: Welche Herausforderung möchtest du meistern?

Wovor hast du keine Angst?

Wann bist du tapfer?

Wen möchtest du (be-)schützen?

Tipps: Tue etwas, das du dir zutraust, obwohl es dir nicht behagt; - überschreite eine Grenze.

Zum Beispiel: laut singen oder spontan tanzen in der Öffentlichkeit.

Sage jemanden, dass du ihn beschützt.

II.3. Ausdauer
Fragen: Wann und wobei bist du geduldig?
Welche unvollendeten Projekte kannst du noch beenden?
Erkennst du Grenzen deiner Geduld?

Tipps: Beende etwas, das du einmal angefangen hast.
Stelle dir eine Geduldsprobe: verknote einen Faden mehrfach und löse die Knoten wieder o. ä.

II.4. Enthusiasmus
Fragen: Wodurch entwickelst du Begeisterung?
Worin findest du Energie und Kraft?
Was begeistert dich im Alltag?

Tipp: Stecke jemanden mit deiner Begeisterung an.

III. Menschlichkeit
III.1. Freundlichkeit
Fragen: Wann fällt es dir leicht, freundlich zu sein?
Welche Gefallen erledigst du gerne für andere?
Was begeistert dich an anderen?
Wem bist du gerne gefällig?

Tipps: Sei freundlich und zuvorkommend.
Verschenke Komplimente.

III.2. Bindungsfähigkeit
Fragen: Wie stellst du menschliche Nähe her?
Wie zeigst du anderen Respekt?

Zeigst du anderen die Bereitschaft für Nähe?
Wie pflegst du innige Kontakte zu Menschen?

Tipps: Zeige jemandem deinen Respekt.
Umarme jemanden (oder mehrere).

III.3. Soziale Intelligenz

Fragen: Erkennst du Motivationen bei anderen?
Worin liegen deine menschlichen Stärken?
Wann bist du frei von Vorurteilen?

Tipps: Betrachte die Motive, die dich und andere
antreiben.
Gehe auf einen Fremden zu.

IV. Gerechtigkeit
IV.1. Fairness

Fragen: Akzeptierst du andere Denkweisen?
Gehst du auf andere zu?
Wägst du die Motive der anderen ab?

Tipp: Gehe freundlich auf jemanden zu, der
dir unangenehm / unsympathisch ist.

IV.2. Führungsvermögen

Fragen: Was sind deine stärksten Eigenschaften und
Talente?
Erkennst du Stärken (und Schwächen) bei
anderen Menschen?
Was kannst du gut organisieren?

Übernimmst du Verantwortung für dich?

Tipps: Organisiere ein Treffen; - zum Beispiel mit
         Freunden Kaffee trinken, Essen, Party o. ä.
         Gib deine Stärken weiter.

IV.3. Teamwork
Fragen: Wie stärkst du Gemeinschaften?
        Welche deiner Stärken nutzen einer
        Gemeinschaft?
        Wie unterstützt du die Stärken anderer?

Tipp: Hilf einem Schwächeren.
         Bringe dich in einer Gruppe ein.

V. Mäßigung
V.1. Vergebensbereitschaft
Fragen: Vergibst du dir selbst?
        Kannst du anderen verzeihen?
        Erkennst du die Ursachen von Fehlverhalten

Tipps: Vergib jemanden einen Fehler, der dich verletzt
         hat.
         Verzeihe dir selbst deine Fehler.

V.2. Bescheidenheit
Fragen: Worauf kannst du leicht verzichten?
        Welche Kleinigkeiten lösen Freude bei dir aus?
        Mit welchen deiner Werte bist du zufrieden?

Tipps: Verschenke etwas.
Spendiere einem Unbekannten etwas, z. B. ein
Getränk o. a.

V.3. Vorsicht
Fragen: Überlegst du deine Äußerungen vorher?
Gehst du behutsam mit anderen um?
Kannst du einschätzen, was als nächstes in
deinem Leben passiert?
Was behandelst du sorgsam?

Tipp: Schaue dich nach etwas um, das besonders
vorsichtig behandelt werden muss.

V.4. Selbstregulation
Fragen: Wofür setzt du dich gerne ein?
Schätzt du deine Stärken real ein?
Wann fühlst du dich „in deiner Mitte"?
Wie fühlst *du* dich?

Tipp: Tue etwas, womit du dich besonders wohl fühlst

VI. Transzendenz
VI.1. Sinn für Schönes
Fragen: Was findest du schön?
In welcher Umgebung fühlst du dich wohl?
Was erregt bei dir positive Aufmerksamkeit?

Tipps: Betrachte etwas intensiv, das du besonders schön
findest.

Besuche eine Umgebung, in der du dich wohl fühlst.

VI.2. Dankbarkeit

Fragen: Was schätzt du an dir so sehr, dass du dir dafür dankbar bist?

Wofür bedankst du dich bei anderen?

Was löst Dankbarkeit in dir aus?

Tipps: Bedanke dich bei einem für dich wichtigen Menschen .

Bedanke dich bei dir selbst.

VI.3. Hoffnung

Fragen: Worauf hoffst du für dich persönlich?

Was löst Hoffnung in dir aus?

Hoffst du gerne?

Welche Hoffnungen haben sich erfüllt?

Tipp: Erinnere dich an eine Hoffnung, die früher für dich wichtig war.

VI.4. Humor

Fragen: Worüber lachst du gerne?

Kannst du über dich selbst lachen?

Wie bringst du andere Menschen zum lachen

Tipps: Bringe jemanden zum lachen.

Grinse mindestens 60 Sekunden lang.

VI.5. Spiritualität

Fragen: Glaubst du an dich?

Nimmst du die Empfindungen deiner Sinne wahr?

Wie kommst du innerlich zur Ruhe?

Vertraust du dir?

Tipps: Entspanne dich durch Meditation, autogenem Training, beten oder ähnliche Techniken; - bevorzugt in der Natur.

Beschäftige dich mit Religionen und Philosophien.

Ausklang

Du hast nun viele Anregungen und Informationen erhalten.

Alle Handlungsbeispiele lassen sich in deinem Sinn verändern, mit deinen persönlichen Eigenschaften anwenden. Jeder einzelne Aspekt kann in deinen Alltag einfließen und dich und dein Umfeld aufmuntern und dauerhaft stärken.

Du trägst alle Tugenden und Charakterstärken in dir. Vertiefe zuerst den Umgang mit deinen persönlichen Energiequellen.

Es ist egal, welcher positiven Aspekt zuerst verstärkt wird, du wirst aufmerksamer und intensiver erleben und sofort spüren, wie die Lebensqualität steigt.

Jeder Tag birgt Schönes, - du musst es nur wahrnehmen!

Wie klingen die Saiten deiner Seele, wenn du sie berührst?

Spiele die Melodie deines Lebens selbst!

In der Serie *„Books to go with you – Bildung und Inspiration für die Jackentasche"* sind bisher außerdem erschienen:

EQ – Das Herz im Hirn - Ein Leitfaden für den Alltag mit emotionaler Intelligenz

und

Grundlagen chinesischer Heilkunst - Eine Einführung in Traditionelle Chinesische Medizin